Matthias Marschik, Gabriele Dorffner

Der Bisamberg

Der transdanubische Wächter

W-H EDITION WINKLER-HERMADEN

Zum Titelbild: Aussicht vom Gipfel des Bisamberges über die 1899 errichtete Elisabethsäule entlang der Donau stromaufwärts. Das wird wohl der Blick gewesen sein, von dem der Überlieferung nach Kaiserin Sisi anlässlich eines Spazierganges mit ihren Hofdamen im Jahr 1857 entzückt gewesen sein soll.

Gefördert von der Stadt Wien Kultur

Stadt Wien

Inh. Ulrich Winkler-Hermaden, Hauptstraße 37, A-2123 Schleinbach
info@edition-wh.at
www.edition-wh.at
Satz und Layout: Ecker-Design, A-2020 Hollabrunn
Gedruckt in der EU bei Finidr s.r.o.
ISBN 978-3-9504937-9-5

Inhalt

Einleitung

Anton Dorer, geboren in Osttirol, aber seit den 1960er-Jahren überzeugter Floridsdorfer, lachte immer, wenn vom Bisam-„Berg“ die Rede war: In seiner Heimat, dem Virgental, hätte so ein kleiner Hügel nicht einmal einen Namen, und in Wien heiße er „Berg“. Das hinderte ihn freilich nicht daran, seinen Kindern auf den Wiesen des Bisamberges das Skifahren beizubringen und mit ihnen per Rodel den Klausgraben hinunterzusausen. Das ist allerdings 50 Jahre her, und sportlich haben am Bisamberg längst die Wanderer und Mountainbiker das Sagen. Die Abfahrt mit der Rodel, etliche Jahre noch ein Silvestervergnügen, ist inzwischen wegen Schneemangels meist abgesagt.

Der Bisamberg (ursprünglich „Püsenberg“) erweist sich also oft als Berg mit zwei Gesichtern: Geologisch betrachtet gehört der 358 Meter hohe Bergrücken aus Sandstein noch zum Wienerwald und ist der nördlichste Ausläufer der Alpen, von denen er seit dem Ende der Eiszeit allerdings durch die Donau, also durch die „Wiener Pforte“, getrennt ist. Der Donaudurchbruch sorgt nicht nur dafür, dass der Bisamberg die höchste Erhebung „Transdanubiens“ ist, sondern ebenso für eine besondere Flora, die bereits der pannonischen Provinz zuzurechnen ist und sich markant vom Wienerwald unterscheidet. Die Donau führte auch zur Entstehung extremer Landschaftstypen: Der Steilabfall zur Donau wird von flachen Abhängen Richtung Stammersdorf und Hagenbrunn kontrastiert, die sanften Hänge, wie sie besonders für den Weinanbau genutzt werden, sind von tiefen Gräben durchschnitten, deren sandiger Lössboden sich perfekt für die Anlage von Weinkellern eignet. Meist ist der Bisamberg ein einsamer Hügel und nur an Wochenenden belebt, wenn ihn die Wanderer bevölkern oder die Durstigen die Heurigenlokale aufsuchen.

Die Liste der Kontraste des Bisamberges ließe sich lange fortsetzen: Er ist eine stattliche Erhebung am Rande des Marchfelds, besitzt aber doch keinen markanten Gipfel. Er ist eine alte Kulturlandschaft (eine keltische Siedlung ist ebenso nachgewiesen wie ein früher Kupferabbau), trotzdem war der Berg nie dicht besiedelt oder von einer Burg gekrönt. Mitten über den Berg läuft (mit Ausnahme der Zeit von „Groß-Wien") beinahe unbemerkt die Grenze zwischen Wien und Niederösterreich und damit ab 1922 auch zwischen zwei Bundesländern. Er war und ist meist ein friedliches Gebiet, aber mit großer militärischer Vergangenheit: So wurden 1866 zu Beginn des Preußisch-Österreichischen Krieges 31 Schanzen (Werke) – sieben davon auf dem Bisamberg – zur Sicherung Wiens gegen den feindlichen Ansturm errichtet. 1914 wurden sie als „Brückenkopf Wien" gegen einen potenziellen russischen Angriff erneuert, kamen aber nicht zum Einsatz. In der Ersten Republik wurde der Bisamberg oft als Übungsgelände des Heeres, ab dem „Anschluss" von der deutschen Wehrmacht genutzt. Etwa ab 1940 existierten im Herrenholz Werkstätten des „Wiener Flugmotoren-Reparaturwerks", und ab 1941 wurden auf der Elisabethhöhe Fliegerabwehrkanonen und -Scheinwerfer postiert. Im April 1945 zog sich die deutsche Armee in heftigen Gefechten vor den sowjetischen Truppen über den Bisamberg zurück und sprengte dabei auch die Sendeanlage.

Wie eng Krieg und Frieden jedoch beieinanderlagen, zeigt das Beispiel des Eichendorff-Denkmals: Im Jahr 1915 hatte Wiens Militärkommandant Heinrich Fath nahe dem Barackenlager Magdalenenhof, das Teil der militärischen Befestigungsanlagen am Bisamberg war, ein Heldendenkmal in Form eines sechs Meter hohen Obelisken errichten lassen. Das Denkmal verfiel, und den übrig gebliebenen Sockel nutzten Bürger aus Langenzersdorf 1957 für einen Gedenkstein an den Dichter Joseph von Eichendorff, der 1811 auf dem Bisamberg oft Spaziergänge unternommen hatte. Statt militärischem Heldengedenken wird nun der Fernblick vom Bisamberg beschworen: „Die Donau blitzt aus tiefem Grund, / Der Stephansturm auch ganz von fern, / Guckt übern Berg und säh' mich gern ..."

Ein ähnlicher Blick auf Wien könnte ja auch vom Leopoldsberg oder vom Kahlenberg aus geworfen werden. Doch ist der Bisamberg, verglichen mit seinen Kollegen am anderen Ufer, eindeutig ein transdanubischer Berg. Den Bisamberg ziert keine Burg und keine Kirche, kein Hotel und keine Aussichtswarte, es gibt kein Schloss und keine mondänen Ausflugsrestaurants: Ein Projekt von Starkoch Reinhard Gerer, den Magdalenenhof als Haubenrestaurant zu führen, scheiterte 2013 nach wenigen Jahren. Auf dem Bisamberg wurde keine Höhenstraße gebaut und nicht einmal, wie am Kobenzl, eine Skisprungschanze. Und es gab auch keine Standseil- und keine Zahnradbahn wie am Kahlenberg. Der Bisamberg hatte im Vergleich dazu nur zwei militärische Materialaufzüge zu bieten, die 1914 errichtet wurden und zum Werk II, Teil einer 1866 errichteten Schanzenanlage, auf der Elisabethhöhe führten. Die letzten Relikte der Aufzüge können freilich nur einige Spezialisten für „lost places" nach Langenzersdorf locken.

Im Gegensatz zu Kahlen- und Leopoldsberg mit ihren zahlreichen Attraktionen ist der Bisamberg ein Terrain für Einheimische. „Cisdanubier" sind, eifrig in den von der Gemeinde ausgegebenen Wegeplänen blätternd, meist nur am jährlich stattfindenden „Weinwandertag" anzutreffen. Das von Hameau, Sophienalpe und Hermannkogel gewohnte Netz viel begangener und bestens ausgeschilderter Wanderwege sucht man am Bisamberg vergebens. Doch die einheimischen Wanderer haben meist ohnedies ihre gewohnten Routen, wie sie von Langenzersdorf, Hagenbrunn oder vom Ort Bisamberg, von Strebersdorf und Stammersdorf auf die Elisabethhöhe oder zum „Zigeuner"-Bründl kommen. Und sie haben wohl auch ihre Stammlokale oder Stammheurigen in den jeweiligen Orten, weil sie über das beschränkte kulinarische Angebot am Bisamberg Bescheid wissen: Ein Ausflugsgasthaus auf der Elisabethhöhe existiert schon längst nicht mehr, und die Gamshöhe ist nicht zum ersten Mal geschlossen. Auch sonst sind Attraktionen rar: Von Florian Berndls „Einsiedelei", auf die er in den 1930er-Jahren nach seiner Vertreibung aus dem Gänsehäufel ausgewichen war, ist längst nichts mehr übrig, die Villa des Guts Magdalenenhof, die der katholische Sozialreformer Karl von Vogelsang von 1863 bis 1890 bewohnt hatte, ist ebenso wenig öffentlich zugänglich wie die 1933 errichtete mediengeschichtlich so bedeutsame RAVAG- beziehungsweise ORF-Sendeanlage.

So bleibt der Bisamberg (hoffentlich) auch im 21. Jahrhundert, was er schon lange war und ist: ein nahezu klandestiner Ort für die Einheimischen. Ein Ort des Weinanbaus, der freilich durch den Wohnbau zunehmend reduziert wird, und ein Ort mit ausgedehntem Waldbestand, der durch zahlreiche Baumfällungen, die mit dem „Eschensterben" begründet werden, dezimiert wird. Aber noch immer ist der Bisamberg sowohl ein Ort des Wanderns und Müßiggangs als auch der Einkehr in den großen Heurigenlokalen oder den winzigen Ausschanken. Ein

Ort lebensfroher Senioren, aber auch junger Leute auf der Suche nach Zweisamkeit. Er ist ein Ort der (Wander-) Lust, aber auch des Verbrechens (man denke nur an den legendären Raubmord am Bisamberger Gastwirt Smodic im Jahr 1949). „Einsam und eigenwillig" sei der Bisamberg, schrieb Novellist August Ernst Rouland schon 1922. Er ist ein Ort, von dem aus man sich über das flache Weinviertel erheben und in die Ferne blicken kann, weit hinaus über das meist dunstverhangene Wien. Und so gesehen ist der Bisamberg ein Wächter Transdanubiens und des südlichen Weinviertels.

Der Bisamberg selbst ist kein spektakuläres Fotomotiv. Auch bei zahlreichen Bildern vom Kahlenberg oder vom Leopoldsberg bildet der lang gezogene Rücken nur die transdanubische Hintergrundkulisse, so bei einem Autounfall am Klosterneuburger Ast der Höhenstraße im Juli 1954.

Die Mittelwellen-Sendeanlage der RAVAG und später des ORF war das interessanteste Bauwerk auf dem Bisamberg. Genau an der Wiener Stadtgrenze gelegen, wurde der Großsender im Mai 1933 in Betrieb genommen, wobei man sowohl bei den Masten wie mit dem Richtantennen-Prinzip technisches Neuland betrat.

Schon die Kelten und Römer betrieben Weinbau am Bisamberg. Der Flyschboden und die sonnige Hanglage boten gute Voraussetzungen für den Anbau, der Sandboden und der lockere Löss bildeten die charakteristischen Hohlwege aus, die sich perfekt für die Anlage von Weinkellern eigneten.

Der „Berg“

Von den Alpen und Voralpen gesehen bestenfalls ein „Mugel“, vom Marchfeld aus eine stattliche Erhebung; von Hagenbrunn ein netter Spaziergang, von der Donauflanke her fast gebirgige Aufstiege: Ob der Bisamberg den Namen „Berg“ verdient, ist eine Frage der Perspektive. Das typische Signum eines Berges, das Gipfelkreuz, fehlt ihm jedenfalls, sieht man von den Jahren 1935 bis 1938 ab, als nach Entwürfen des damaligen Staatsarchitekten Clemens Holzmeister ein 15 Meter hohes Dollfußkreuz für den ermordeten „Heldenkanzler“ errichtet wurde, das die Nationalsozialisten noch im März 1938 entfernen ließen.

Vergleicht man alte und neuere Ansichten der Wiener Hausberge, scheint der Bisamberg zu schrumpfen: Ist er auf alten Stichen noch ein mächtiger Kontrahent des Leopoldsberges, mit dem er die Donau durch die Wiener Pforte zwängt, verliert er seitdem auch bildlich an Präsenz. Das mag daran liegen, dass der Bisamberg als lang gezogener Bergrücken weniger auffällig ist als der Leopolds- und der Kahlenberg, deren markantere Gipfel durch die Leopolds- und St.-Josefs-Kirche sowie die Stefaniewarte noch akzentuiert werden, während der Bisamberg durch die Sprengung der beiden Mittelwellen-Sendemasten im Februar 2010 um seine Attraktion, das höchste Bauwerk Österreichs, gebracht wurde. Seitdem der Bisamberg nicht mehr als wichtige militärische Bastion gesehen wird, schrumpft er quasi auch kulturell: Während an einem Frühlingssonntag Zehntausende Wienerinnen und Wiener auf bestens ausgeschilderten Wegen durch den Wienerwald wandern, bleibt der Bisamberg ein lokaler Geheimtipp. Und während die Zukunft des Cafés Kobenzl ausgiebig erörtert wird, werden jener des Magdalenenhofs und seiner verfallenden Villa nur wenige Zeilen gewidmet. Für den „Wiener Touristen“, so schrieb „Die Stunde“ schon 1937, sei der Bisamberg bereits nahezu unbekanntes Gebiet: Er geht „auf den Bisamberg und schaut zum Wienerwald herüber, kommt sich aber schon wie in der Fremde vor“.

Ein Ausschnitt aus der von Georg Matthäus Vischer um 1670 erstellten Niederösterreich-Karte zeigt im Norden Wiens den Donaudurchbruch zwischen „Kalenperg“ und „Pisenberg“, zwischen „Closter Neyburg“ und „Korneyburg“, wobei der Bisamberg mächtiger aussieht als die Hügel am anderen Ufer.

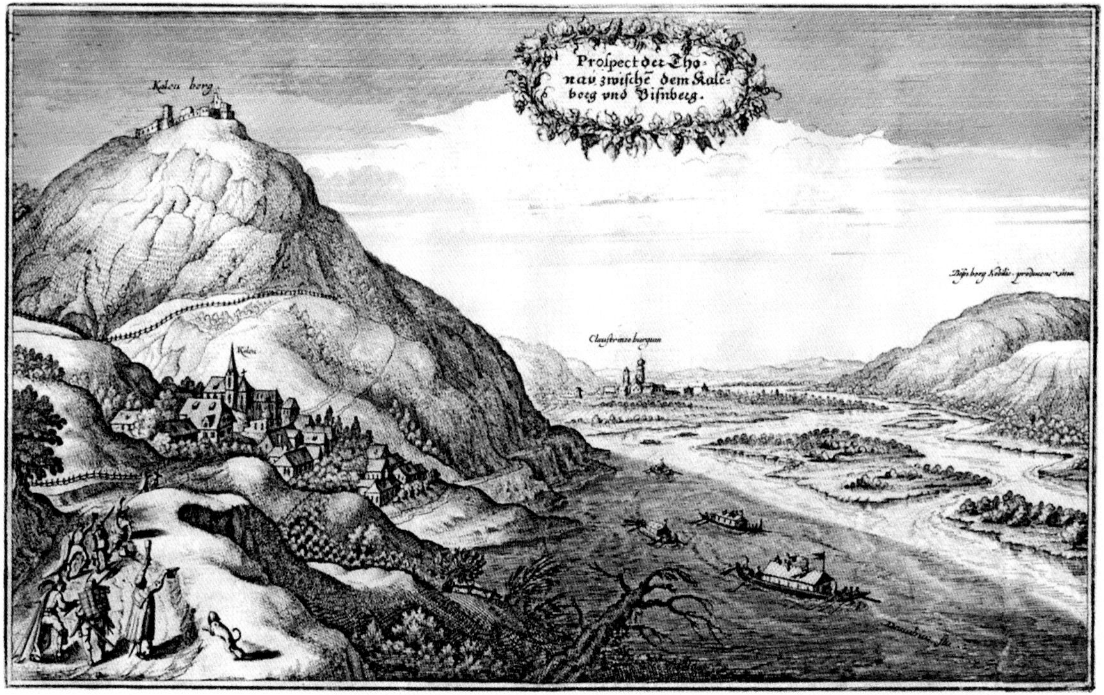

Im Kupferstich von Matthäus Merian dem Älteren aus dem Jahr 1649 wird die „Thonau zwische(n) dem Kaleberg und Bisnberg" primär als Weinbaugebiet („producens vina") präsentiert, wobei hier der Leopoldsberg mit seinen 425 Metern Höhe ungleich mächtiger wirkt als der 360 Meter hohe Bisamberg.

Ein Luftbild vom August 1959 verdeutlicht die Lage des Bisamberges als Grenze zwischen Marchfeld und Tullnerfeld. Erst zwischen diesen flachen Ebenen wird er zu einer „Gebirgslandschaft“, von deren Gipfel man bis zu Rax und Schneeberg, bis zu den Leiser Bergen und natürlich auf ganz Wien blickt.

Oft werden Kahlenberg und Bisamberg als Wächter Wiens bei der Anreise von Norden beschrieben. Doch auch diejenigen, die es sich leisten konnten, in den 1930er-Jahren mit dem Flugzeug nach Wien zu kommen, konnten bereits vom Flughafen in Aspern am Horizont den Bisamberg erkennen.

Auch auf Bildern des Stifts Klosterneuburg erscheint als Hintergrund oft der Bisamberg. Die Türme der Stiftskirche, deren Geschichte bis ins Jahr 1114 zurückreicht, werden überragt von den beiden 1933 errichteten Sendemasten am Bisamberg: Religiöse Tradition trifft auf moderne Technik.

Besonders auf der Südseite ist der Bisamberg von Löss bedeckt, in den der Regen die tiefen Hohlwege geschnitten hat. Wo sie vom Menschen als Transportwege oder für Weingärten genutzt wurden, tieften sie sich durch die Jahrhunderte weiter ein und verstärken den gebirgigen Eindruck.

Nicht nur in den Alpen, auch auf dem Bisamberg gibt es das Motiv von Männern, die nach getaner Arbeit vom Berg herunterkommen. Noch in der Zwischenkriegszeit erkennt man, dass der Berg weitgehend entwaldet ist und weit eher für den Ackerbau als für den Anbau von Wein genutzt wird.

Rund um den Bisamberg

Verglichen mit seinen Nachbarn am anderen Donauufer ist der Bisamberg eine einsame Erhebung. Umgeben war und ist er hingegen von einer umso lebendigeren und bunteren Besiedlung. Sieht man von neolithischen und bronzezeitlichen Funden ab, beginnt die Geschichte der Dörfer am Berghang meist im 12. Jahrhundert. Die früheste Erwähnung von Strebersdorf (Strobelinstorf) geht sogar auf das Jahr 1078 zurück. Die Bevölkerung nutzte die Flanken des Bisamberges für Ackerbau, Viehzucht, Jagd und besonders für den Weinanbau. Bis 1911 waren die Gemeinden niederösterreichische Dörfer, erst in diesem Jahr wurde Strebersdorf nach Wien eingemeindet. 1938 machte die Schaffung des nationalsozialistischen „Groß-Wien“ den Bisamberg und seine Umgebung zum Wiener Stadtgebiet. Als die territoriale Gliederung 1946 rechtlich und 1954 de facto rückgängig gemacht wurde, blieb Stammersdorf bei Wien, seitdem verläuft die Grenze zwischen den Bundesländern beim Magdalenenhof.

Heute treffen rund um den Bisamberg die letzten Ausläufer der Metropole Wien auf den viel zitierten „Speckgürtel“. Doch die Unterschiede zwischen den Wiener Katastral- und den niederösterreichischen Marktgemeinden sind gering: Hier wie dort existieren alte Ortskerne, durchbrochen und umgeben von zahlreichen Neubauten, vom Genossenschaftsbau bis zum Einfamiliendomizil. Alte bäuerliche Strukturen treffen auf neue Wohngegenden mit moderner Infrastruktur abseits der urbanen Enge. Es gibt eine Mischung aus Einheimischen und „Zuagrasten“, wobei die Zahl der Migranten und Migrantinnen vergleichsweise gering ist. Über ihre Grenzen hinaus bekannt sind die Gemeinden vor allem als beliebte Heurigenorte, aber sie stehen auch für hohe Lebensqualität. Die Mischung aus Tradition und Moderne macht den besonderen lebendigen Charakter der ehemaligen Dörfer rund um den Bisamberg aus, der freilich immer wieder bedroht ist, wie Proteste gegen Verkehrsbelastung, Umweltsünden und übertriebene Bauvorhaben zeigen.

Im Jahr 1835 schrieb der Geograf Adolf Schmidl in seinem Buch „Wien's Umgebungen" über seine Wanderungen: „Frühmorgens von Wien nach Strebersdorf oder Enzersdorf zu fahren, den Bisamberg besteigen, dann hinab zur Enzersdorfer Überfuhr und nach Klosterneuburg überzuschiffen [...], ist ein Ausflug, der zu den genußreichsten in Wien" gehöre. Das galt offenbar, wie an der Hakenkreuzfahne erkennbar, auch noch in der NS-Zeit.

Das Pensionat „St. Josef" der Schulbrüder war entscheidend am Aufschwung von Strebersdorf beteiligt. Ab 1899 war der Schulkomplex der zentrale Ort des Dorfes. 1938 wurden die Gebäude von der NS-Polizei enteignet, die dort 1941 eine Schule für 180 zukünftige Kolonialbeamte, später eine Nationalpolitische Lehranstalt betrieb.

Das Autotruppen-Ersatzdepot wurde im Ersten Weltkrieg in Strebersdorf als Barackenlager geschaffen. Der „Autokader“ war der zentrale Kraftfahrzeugpark der k. u. k. Armee und die größte Autowerkstätte der Monarchie, in der Kraftfahrzeuge gewartet und Bedienungsmannschaften ausgebildet wurden.

Trotz der Nähe zu Wien war das Ortsbild von Langenzersdorf von fast kleinstädtischem Leben geprägt: Schon um 1900 betrieb Ferdinand Popuda ein Geschäft für Herren- und Damen-Modewaren. In Floridsdorf oder gar in Wien kaufte man nur bei ganz besonderen Anlässen ein.

Jährliche Faschingsumzüge mit bunt geschmückten Wagen und fantasievollen Kostümen waren Fixpunkte im Leben von Langenzersdorf. Im Jahr 1927 präsentierte ein Wagen mit Charleston-Tänzern und schwarzer Jazzband die umstrittenen Neuigkeiten der benachbarten modernen Metropole Wien.

Bis in die 1960er-Jahre erfolgte die Nahversorgung in den Gemeinden rund um den Bisamberg entweder direkt über die Produzenten oder über zahlreiche kleine Geschäfte, die Milch- und Gemüsehändler oder die Fleischhauer. Alles Übrige wurde beim Greißler eingekauft.

Die Strebersdorfer Gemischtwarenhandlung in der Langenzersdorfer Straße war eines dieser Einkaufs- und Kommunikationszentren. Karola und Heinrich Jansa im Geschäft kurz vor der Schließung 1959. Mitte der 1960er-Jahre eröffnete die erste „Konsum"-Filiale. Die Milch wurde auch dort vorerst mit der Blechkanne geholt, später im „Milchsackerl" oder „Milchschlauch".

Die bekannten und mondänen Wiener Kaffeehäuser kannte man meist nur vom Hörensagen. Lieber ging man ins Wirtshaus oder zum Heurigen. Doch in der Zwischenkriegszeit wurde das Café Bruny (später Café Burgstaller) zum beliebten Treffpunkt in Langenzersdorf und brachte ein wenig städtisches Flair ins Dorf.

In den 1960er-Jahren wurde Langenzersdorf zu einem modernen und agilen Ort, das Verkehrsaufkommen wuchs. Viele hatten bereits ein Motorrad, manche sogar schon ein Auto. Beim Weißen Kreuz an der Stadtgrenze zu Wien befand sich eine Örop-Tankstelle der Sowjetischen Mineralölverwaltung.

Im Zentrum des Ortes wurde 1940, also schon in den Kriegsjahren, von Hans und Marie Nussdorfer ein Lebensmittelgeschäft eröffnet. Anfang der 1960er-Jahre wurde das Geschäft in einen „Spar"-Supermarkt umgewandelt: Selbstbedienungsregale ersetzten die persönliche Bedienung.

Mit der Massenmotorisierung wurden in Langenzersdorf die Nachteile der Modernisierung deutlich: Die Wiener Straße führt mitten durch den Ort, der Verkehr verursachte innerhalb von fünf Jahren 37 Tote und 400 Verletzte. Im Oktober 1974 forderte die Bevölkerung daher vehement die Errichtung einer Autobahn von Wien nach Stockerau.

Im „Wegweiser durch die österreichischen Kurorte“ von 1909 heißt es über Bisamberg, der Ort besitze „alle Vorzüge einer ruhigen, echt ländlichen Sommerfrische“. Es gebe kühle Abende, einsame Promenaden, einen schönen Schlosspark, prächtige Waldpartien sowie ein Strombad mit Sonnen- und Sandbadeplätzen.

Für Jahrhunderte bildete das Schloss mit seinen weitläufigen Parkanlagen das Zentrum des Ortes Bisamberg. Es gehörte von 1637 bis 1961 der Familie Abensperg-Traun, die im Ort zahlreiche Spuren hinterließ. Das gilt ebenso für die Familie des Industriellen und Automobilpioniers Anton Froß(-Büssing), die das Schloss ab 1909 gepachtet hatte.

Margarethe Gräfin Bouquoy-Strattmann, ab 1685 Besitzerin der Herrschaft Bisamberg, stiftete 1690 ein kleines Spital, in dem Not leidende Angestellte betreut wurden. Der karitativen Arbeit widmete sich später auch Hedwig (Hete) Froß-Büssing, die ab 1915 im Schloss ein Lazarett für verwundete Offiziere einrichtete.

Blick von den Abhängen des Bisamberges auf Klein-Engersdorf. Schon um 1100 erwähnt, blieb das Dorf ein beschaulicher Ort, der von Landwirtschaft und Weinbau lebte, wenn nicht gerade ein Manöver des Heeres für Hektik sorgte. Bis 1970 war es eigenständig, seither bildet es einen Teil der Marktgemeinde Bisamberg.

Langenzersdorf

Auf alten Postkarten von Langenzersdorf tauchen zwei ganz unterschiedliche Sujets auf: Zum einen wird der Ort an der Donau (von der Schiffsstation bis zu häufigen Überschwemmungen) gezeigt, zum anderen das Dorf am Fuße des Berges. Auf dieser Postkarte von 1917 überragt der Bisamberg sogar die Kirche St. Katharina.

Bis 1650 hieß der Ort „Enzersdorf unter dem Bisamberg“, dann erst wurde das für ein Straßendorf typische „Lang-“ vorangestellt. Schon wegen der Gefahren der unregulierten Donau schmiegte sich der Ort lange Zeit an den – wie hier um 1905 fast unbewaldeten – Berghang, wo sich auch der 1921 aufgelassene erste Friedhof befand.

Die Langenzersdorfer Berggasse demonstriert die Nähe von Ort und Berg. Ursprünglich als Weg zum Abtransport des gewonnenen Materials aus dem mächtigen Steinbruch angelegt, wurde sie ab 1900 ausgebaut und zeigt sich um 1930 schon als ungepflasterte Dorfstraße mit Bürgerhäusern und Handwerksbetrieben.

Entlang der Wiener Straße von Langenzersdorf bleibt der Bisamberg hinter den meist mehrstöckigen Häusern verborgen. Doch kaum entsteht eine Baulücke, wie hier an der Adresse Hauptplatz 4, wird der steile Berghang sichtbar. Die Plakate vom Nationalratswahlkampf der SPÖ 1970 lassen eine klare Datierung zu.

Stammersdorf

Der Blick vom Bisamberg macht deutlich, dass Stammersdorf nicht zu Unrecht in einen älteren Oberort am Bergabhang (mit Wehrkirche und zahlreichen Kellergassen) und einen jüngeren, in der Ebene gelegenen Unterort getrennt ist, zwischen denen die Hauptstraße verläuft. Stammersdorf kam erst 1938 zu „Groß-Wien".

Heute führt der Stadtwanderweg 5 von Stammersdorf auf den Bisamberg. Aber der Ort war schon um 1900 der bevorzugte Ausgangspunkt für Ausflüge auf den Bisamberg mit anschließendem Heurigenbesuch. Ab 1886 verkehrte von der Augartenbrücke nach Stammersdorf die Dampftramway. Die Strecke wurde 1912 elektrifiziert.

Während des Krieges gegen Preußen 1866 befand sich das österreichische Armee-Oberkommando im Magdalenenhof. Am Fuß des Bisamberges errichtete man vier Schanzenanlagen und oberhalb von Stammersdorf eine Schießstätte, die während des Ersten (und Zweiten) Weltkrieges ausgebaut wurden.

Trotz der zahlreichen Heurigenlokale entlang der Hauptstraße ist doch die Kellergasse, die vom Ort zur Senderstraße führt, ein Hohlweg mit dem charakteristischen Katzenkopfpflaster, das Wahrzeichen von Stammersdorf. Zweimal im Jahr, im Frühjahr beim „Mailüfterl" und im Herbst bei den „Stürmischen Tagen", lockt sie ein Publikum aus ganz Wien an.

Strebersdorf

Als sich die „Kongregation der Brüder der christlichen Schulen“ 1886 in Strebersdorf ansiedelte, änderte das den Charakter des Ortes grundlegend: Seither überragt das „Pensionat St. Josef“ das Ortsbild, das Gewerbe wurde belebt, neue Verdienstmöglichkeiten wurden geschaffen, die Bewohnerzahl vervielfachte sich innerhalb weniger Jahre.

Die Eingemeindung von Strebersdorf zu Wien erfolgte 1911, und schon 1912 wurde der Ort an das Wiener Straßenbahnnetz angeschlossen. Ab 1923 fuhr dann die Linie 132 von Floridsdorf über Jedlesee bis Strebersdorf. Bei der Endstation lockte eine Werbung zum „höchsten Heurigen" Franz Andres am Bisamberg.

Die Strebersdorfer Kellergasse, die eigentlich „Am Bisamberg“ heißt, verläuft am Berghang entlang vom Klausgraben bis zur Krottenhofgasse und verbindet so die beiden wichtigsten Wanderwege von Strebersdorf durch tief eingeschnittene Hohlwege und zwischen Weingärten hinauf auf den Bisamberg.

Auf diesem Bild von 1911 sieht man offenbar gut situierte Wandersleute vom Bahnhof der Nordwestbahn Richtung Berg marschieren. Das entspricht der ab 1900 sehr verbreiteten Natureuphorie und neuen Landschaftsaneignung bürgerlicher Schichten, die auf dem Berg ein paar Stunden der Freiheit erleben wollten.

Hagenbrunn

Im Jahr 1603 erwarb Freiherr von Kollonitsch den Freihof Hagenbrunn, übernahm sich aber mit dem Bau eines Schlosses. Der neue Besitzer, das Stift Klosterneuburg, ließ das Schloss so ausbauen, wie es Georg Matthäus Vischer 1672 abbildete. In der Folge verfiel das Bauwerk, und als es 1803 von zwei Bauern gekauft wurde, ließen sie es abreißen.

Ein einsamer Grenzstein auf einem Acker am Abhang des Bisamberges markierte im Jahr 1933 die Scheidelinie zwischen den Gemeinden Stammersdorf und Hagenbrunn. Beide wurden im Herbst 1938 nach „Groß-Wien" eingemeindet, erst seit 1954 verläuft hier die Grenze zwischen Wien und Niederösterreich.

Auch im Weinbauort Hagenbrunn findet sich natürlich eine Kellergasse, die abseits des Ortszentrums hinauf auf den Bisamberg und zur Hubertus-Kapelle führt. Zum Weg hin steht zumeist das Presshaus, daneben oder dahinter befinden sich die in die Lösshänge vorgetriebenen und mit Ziegeln ausgewölbten Keller.

Hagenbrunn ist heute ein typischer ländlicher Heurigen- und Weinbauort sowie Teil des Wiener Speckgürtels und der Region „10 vor Wien“. Gerade am Abhang des Bisamberges finden sich nach wie vor Postkartenmotive wie hier ein Blick vom Aichleitenweg mit seiner traditionellen Pflasterung über Hagenbrunn und das Marchfeld.

Eine Lithografie von Vinzenz Katzler zeigt ein Militärlager am Bisamberg bei Klein-Engersdorf (im Hintergrund die Veitskirche) während eines Feldmanövers im Juli 1856. Links im Vordergrund reitet Kaiser Franz Joseph mit seinem Stab, rechts Mitglieder der Generalität. Angeblich war auch Kaiserin Elisabeth zugegen.

Vor Beginn des Preußisch-Österreichischen Krieges wurde 1866 mit dem Bau von Befestigungsanlagen rund um Wien begonnen. Der Verteidigungsgürtel erstreckte sich von Langenzersdorf über den Bisamberg bis in die Lobau. Das Gemälde von Anton Filkuka zeigt eines der sieben Werke (Geschütz- und Artilleriestellungen) am Bisamberg.

Im Ersten Weltkrieg war Strebersdorf von der Lage am Bisamberg geprägt, wo Geschütze sowie Beleuchtungs- und Fernsprecheinrichtungen positioniert waren; im Ort wurden Eisenbahnwerkstätten, ein Munitionsmagazin sowie der Autokader errichtet. Hier sieht man eine Telegrafen-Vermittlungshütte am Beginn des Klausgrabens.

Seine militärische Tradition und das schwierige Gelände machten den Bisamberg zu einem beliebten Terrain für Heeresmanöver. Das galt sowohl für das Bundesheer der Ersten Republik (hier die Brigadeartillerieabteilung 1 bei einem Manöver) wie für die NS-Zeit (im Bild eine Halbkettenzugmaschine der deutschen Wehrmacht).

Um der Einkesselung durch anrückende sowjetische Truppen zu entgehen, ziehen sich die deutschen Truppen ab dem 13. April 1945 über den Bisamberg Richtung Tullnerfeld zurück, wobei es zu heftigen Gefechten kommt und der Sender gesprengt wird. Aus diesen Tagen stammt der Blick über das brennende Wien vom Bisamberg aus.

Überall am Bisamberg sind bis heute Überreste militärischer Anlagen zu erkennen. Dabei überlagern sich die Schanzen von 1866 mit den Verteidigungsgräben aus dem Ersten und den Geländeeingriffen aus dem Zweiten Weltkrieg, als auf der Elisabethhöhe Flak-Batterien standen und am Veitsberg Truppenübungen mit sowjetischen Beutepanzern stattfanden.

Die „alten Schanzen" bei Stammersdorf lösen heute wegen ihres spezifischen Trockenrasens botanisches, aber vor allem militärhistorisches Interesse aus. Dass sich im „Herrenholz" bis 1945 eine Kaserne und ein Werk für Flugmotoren befanden und unterirdische Stollen gefunden wurden, sorgt für zahlreiche Gerüchte. Zu sehen ist freilich nur mehr eine Ruine.

Auf dem Bisamberg

Heute sind zwei Drittel des Bisamberges bewaldet, den Rest bilden meist Weingärten und Wiesenflächen. Zum Gutteil ist er als Natura-2000- und Landschaftsschutzgebiet gewidmet, zum Teil sogar als geschütztes Biotop. Seit 2006 gibt es ein Naturschutzprojekt zum Erhalt der einzigartigen Flora und Fauna. Wald, Wiesen und Wein, das weist den Bisamberg als Erholungsraum, als Wander- und Radberg aus. Er erscheint als natürlich gewachsene Landschaft. Doch dieser erste Eindruck ist trügerisch, denn der aktuelle Zustand verdankt sich wesentlich jahrhundertelangen menschlichen Eingriffen.

Blicken wir 200 Jahre zurück, bestand der Bisamberg zu zwei Dritteln aus Grünflächen, 20 Prozent dienten dem Weinanbau, der Rest waren Äcker und Wald. Dann nahmen Weiden und Äcker deutlich zu, dafür wurde der Berg fast völlig entwaldet: Zum einen benötigten die militärischen Anlagen freie Schussfelder, zum anderen wurde der enorme Holzbedarf der Stadt Wien befriedigt. Kurz vor 1900 begann man mit massiven Aufforstungen, doch wurden vielfach Bäume wie Föhren und Robinien gepflanzt, die hier nicht heimisch sind und vom Naturschutz und Teilen der Forstwirtschaft kritisch gesehen werden. Gemeinsam mit dem wachsenden Platzbedarf der Anrainergemeinden und der Umweltbelastung – speziell durch den Autoverkehr – sorgt das bis heute für eine fragile Flora.

Die scheinbar „unberührte Natur“ entpuppt sich also als vom Menschen geprägte Kulturlandschaft. Sie bleibt jedoch ein Naturerlebnis, weil es selbst an schönen Wochenenden keinen Massenansturm gibt, keine großen Attraktionen oder Ausflugslokale warten und die Vogelsang-Villa und das Sendergebäude nicht öffentlich zugänglich sind. Dass nahezu das gesamte Areal des Bisamberges nach wie vor bewandert werden kann, sollten wir schätzen, denn im Jahr 1936 kursierten Gerüchte, die Familie Mautner Markhof als neuer Besitzer des Gutes am Bisamberg plane, das gesamte Gipfelplateau einzuzäunen und zu einem privaten Revier für Hirschjagden zu machen.

Heute sind große Teile des Berges wieder mit Laubwald bedeckt. Das war nicht immer so, denn speziell im 19. Jahrhundert wurden im Zuge zunehmender Kultivierung des Bisamberges immer mehr Felder und Weingärten angelegt.

Die Hänge Richtung Langenzersdorf waren noch bis 1950 fast waldfrei. Erst dann wurde mit umfangreichen Aufforstungen begonnen.

Selbst wenn die Altersangabe wohl deutlich übertrieben ist: Die „Tausendjährige Linde“ nahe der Elisabethhöhe, die schon in Landkarten um 1900 als solche bezeichnet wird, gilt mit mehreren Stämmen, ihren bizarren Ästen und ihrem Stammumfang von sechs Metern als Naturdenkmal, auch wenn ihre Tage inzwischen gezählt zu sein scheinen.

Zitieren wir nochmals Adolf Schmidls Wanderbuch „Wien's Umgebungen" aus dem Jahr 1835: „Unbedenklich kann man behaupten, dass der Bisamberg den schönsten Anblick von Wien gewähre." Dem ist auch fast 200 Jahre später wenig hinzuzufügen, auch wenn sich die Stadt hinter den Weinreben inzwischen meist dunstverhangen präsentiert.

Auf halbem Weg zwischen dem Ort Bisamberg und der Elisabethhöhe befand sich die „Waldandacht“ (hier um 1914), die bei vielen Wanderungen eine fixe Zwischenstation bildete: Bis etwa 1950 waren rund um ein Holzkreuz an den Bäumen zahlreiche Votiv- und Bildtafeln angebracht, die zu einem Gebet einluden.

Der Bisamberg ist nicht berühmt für spektakuläre Bauwerke, sondern für seine Landschaft. Große Teile des Berges sind inzwischen als Landschaftsschutzgebiete gewidmet, einige Flächen als geschützte Biotope. Der landschaftliche Reiz offenbart sich gerade auch im Winter, wenn sich nur wenige Wanderer auf den Berg verirren.

Elisabethhöhe

Nach der Ermordung von Kaiserin Elisabeth ließ ein Korneuburger Frauenkomitee 1899 am Gipfelplateau eine Gedenksäule errichten. Das Denkmal, aus Stettner Sandstein in spätgotischem Stil erbaut, wurde 1945 weitgehend zerstört und 1963 renoviert. Hier ein Zeltlager des Arbeiter-Samariterbundes in den 1950er-Jahren.

Ein Dollfußkreuz auf dem Bisamberg

Im Juni 1935 wurde auf der Elisabethhöhe das Dollfußkreuz in Erinnerung an den ein Jahr zuvor ermordeten Bundeskanzler eingeweiht. Das 15 Meter hohe Kreuz war vom „Staatsarchitekten" Clemens Holzmeister entworfen und von der Bezirksleitung der Vaterländischen Front Korneuburg gestiftet worden. Im März 1938 wurde es von den Nationalsozialisten mithilfe von Schweißbrennern entfernt.

Sonnwendfeier

(Ludwig Kmoch)

Auch die diesjährige Sonnwendfeier am Bisamberg gestaltete sich zu einer herzerhebenden Kundgebung. Beim Scheine des mächtig lodernden Feuers hielt der Wortführer Herr Gundakar Blaziček eine zündende Ansprache. Es wurde ein nationales Gelöbnis abgelegt.

Der Bisamberg war häufig ein Ort politischer Versammlungen. Die Wochenzeitschrift „Die Muskete“ karikierte 1921 eine deutschnationale Kundgebung: Hintergrund war, dass sowohl der „Deutsche Turnverein“ als auch der antisemitische „Österreichische Gebirgsverein“ hier ihre jährlichen Sonnwendfeiern abhielten.

Das Jungfronttreffen auf dem Bisamberg: Stadtrat Weber spricht

Doch auch die Sozialdemokratie verband Wanderungen auf den Bisamberg mit politischen Kundgebungen: So lud der Wiener Stadtrat für Sozialpolitik und Wohnungswesen, Anton Weber, 1926 zu einem Jungfronttreffen. Und am 1. Mai 1984 wanderte die Korneuburger SPÖ auf den Berg, wo der damalige Staatssekretär Ferdinand Lacina eine Rede hielt.

Der Bahnübergang am Bahnhof Langenzersdorf gibt den Blick auf den Bisamberg frei. Am Plateau, wo bis 1841 am „Galgenberg“ die Hinrichtungen des Bisamberger Landgerichts erfolgten, wurde auf dieser Ansicht das 1935 errichtete Dollfußkreuz, das nur knapp drei Jahre lang quasi als Gipfelkreuz existierte, nachträglich mit Bleistift eingezeichnet.

Gasthäuser auf dem Gipfel

Um 1908 ließ Leopoldine Hick auf der Elisabethhöhe einen in Wien abgetragenen Ausstellungspavillon als Schutzhaus aufstellen, der als „schönster Ausflugsort an der Nordwestbahnstrecke" beworben wurde. Ab 1915 stand das Haus leer, wurde von Räubern geplündert und schließlich von der Militärverwaltung demoliert.

1920 errichtete Paul Sieger einen Neubau, der noch im gleichen Jahr durch eine Windhose zerstört wurde. Auch der nachfolgende Steinbau wurde 1925, diesmal durch einen Brand, vernichtet. Ein noch stabilerer Neubau wurde in den letzten Kriegsjahren zerstört. Die 1950 errichtete kleine Ausschank von Leopold Serlath verfiel nach wenigen Jahren.

Eine Idylle mit Esel auf der Terrasse des Gasthofs Sieger um 1938. Die kunstvolle Einzäunung mit Birkenstämmen war dem Besitzer Paul Sieger zu verdanken, der nicht nur ein Pionier des Wiener Skilauf- und Skisprungsports sowie Mitbegründer des „Österreichischen Ski-Vereines", sondern auch ein bekannter Maler war.

Auch der Gasthof auf der Gamshöhe hatte ab den 1920er-Jahren eine wechselvolle Geschichte. Zwar blieb das kleine Haus fast unverändert, doch wechselte das Interieur so rasch wie die Besitzer. Wie die Ansichtskarte um 1970 zeigt, war der große Vorzug die Erreichbarkeit per Auto über die Bergstraße.

Magdalenenhof

Das repräsentativste Gebäude des Magdalenenhofs war das Verwaltungsgebäude, zeitweise auch als Villa oder Jagdschloss genutzt und bezeichnet. Von 1865 bis 1872 wohnte dort der Sozialpolitiker Karl Vogelsang. 1906 wurde es von Rudolf Dengler, dem Besitzer der Brauerei Jedlesee, erworben, der es komplett umbauen ließ.

Gruss von Florian Maurer's Café-Restauration Magdalenenhof am Bisamberg

Ab 1521 führte das Schottenkloster, später das Stift Klosterneuburg als Grundbesitzer des Bisamberges einen Gutshof. Um 1740 kaufte ihn Forstmeister Joseph Müller und benannte ihn nach seiner Gattin Magdalenenhof. Unter den Besitzern waren auch Karl von Vogelsang und der Brauereibesitzer Anton Dengler. Seit 1926 ist das Gut im Besitz der Stadt Wien.

Die dem Gut angeschlossene Gastwirtschaft hatte stets wechselnde Pächter, doch war das Lokal des Magdalenenhofs ein seit jeher beliebtes Ausflugsziel. Es gab zahlreiche geführte Wanderungen, organisiert vom „Arbeiter-Sängerbund" bis zur „Deutschnationalen Tischgesellschaft", aber auch Volksfeste, Konzerte und Silvesterveranstaltungen.

In erster Linie war der Magdalenenhof jedoch das Zentrum eines Wirtschaftsbetriebs: Neben dem Gasthaus gab es Weinbau und Viehzucht samt Meierei, dazu kam ein Zementwerk im Klausgraben. Vor allem aber wurde das gesamte Gebiet des Bisamberges landwirtschaftlich bearbeitet und im Herbst als Abschluss gerne ein Erntefest gefeiert.

Seit knapp 100 Jahren gehört der Magdalenenhof der Stadt Wien, die von hier aus etwa 250 Hektar Ackerland betreut, das sich auf 130 Felder in zwölf Katastralgemeinden verteilt. Angesichts dieser Ausdehnung musste man sich stets moderner Geräte bedienen. So wurde 1937 mit einer durch ein Lokomobil angetriebenen Dreschmaschine gearbeitet.

Kinderfreundeheim

1914 wurde am Bisamberg in einem Pavillon, der zuvor im Jahr 1910 bei der Jagdausstellung in der Rotunde im Prater verwendet worden war, ein Erholungsheim der Ortsgruppe Floridsdorf der „Kinderfreunde" errichtet. Der Schlafsaal bot Platz für etwa 30 Kinder. Leiter der Einrichtung war der Obmann der Floridsdorfer Arbeitervereine, Alois Appel.

250 bis 300 Arbeiterkinder jährlich konnten sich im Lager auf der „Freundschaftswiese“ erholen, Kinder aus armen Familien wurden auch gratis verpflegt. Der Teich beim Magdalenenhof diente als Freibad. Das Heim war bis zum Februar 1934 in Betrieb und konnte nach 1945 wieder eröffnet werden. Es bestand bis etwa 1960.

Denkmäler

Ab Anfang 1915 wurden die Schanzenanlagen von 1866 reaktiviert: Sie sollten Wien gegen russische Angriffe schützen. Die Soldaten waren in Baracken beim Magdalenenhof untergebracht. Ihr Kommandant, Feldmarschallleutnant Heinrich Fath, ließ dort 1915 ein Heldendenkmal in Form eines sechs Meter hohen Obelisken errichten.

Der Bisamberger Kreuzweg wurde 1691 von Schlossherrin Margarete Bouquoy-Strattmann als Dank für die Rettung vor den Türken gestiftet. Der Künstler der lebensgroßen Sandsteinfiguren ist unbekannt. Der Kreuzweg enthält nur elf statt der üblichen 14 Stationen und ist der Heiligen Stiege in Rom nachempfunden.

Bis 1963 stand auf der Gamshöhe ein sieben Meter hoher Obelisk, das „Steinmandl". Angeblich war er eine Begräbnisstätte französischer Soldaten – oder eines Generals – aus den Kämpfen von 1809. Später verwendete man ihn als Kreidfeuerstation. 1914 wurde er mit einem Kaiserbildnis versehen und in ein Kriegerdenkmal umgewandelt.

Pfarrer Martin Büker kam 1931 nach Bisamberg und schlug vor, wie schon an seinem vorigen Einsatzort in Straß im Straßertale, eine dem französischen Vorbild ähnelnde Lourdesgrotte zu errichten. Unter großer freiwilliger Mithilfe der Bevölkerung entstanden und mit zwei Originalsteinen aus Lourdes versehen, wurde sie im Juli 1935 eingeweiht.

Der Sockel des verfallenen Obelisken auf der Fath-Höhe wurde 1957 zur Basis eines Eichendorff-Denkmals. Der Museumsverein Langenzersdorf wollte damit an die Wanderungen erinnern, die der Dichter Joseph von Eichendorff (1788–1857) im Jahr 1811 von Wien über den Bisamberg bis Seebarn unternahm.

Im Mai 1999 wurde in Hagenbrunn am Hang des Bisamberges ein Skulpturen-Pfad eröffnet. Auf dem 777 Meter langen Weg befinden sich sieben von Künstlern aus verschiedenen Ländern geschaffene Kunstwerke, die die Stationen des Lebens, von der Geburt über das Alter bis zum „Licht", darstellen.

Florian Berndl

Berühmt wurde Florian Berndl ab 1900 als Gründer des Gänsehäufels und später der Gartensiedlung „Kolonie Neu-Brasilien". Als er dort 1913 delogiert wurde, siedelte er sich am Bisamberg an und wollte seine „Berndl-Alm" nahe der Elisabethhöhe zu einem Kurort für ärmere Bevölkerungsschichten machen, hatte damit aber nur wenig Erfolg.

Im März 1912 war im „Neuen Wiener Tagblatt“ zu lesen, dass Florian Berndl seine „Grundstücke in Langenzersdorf am Bisamberg als Erholungs- und Körperpflegestätte nebst der Notunterkunft im Schutzhause nach Bedarf und Möglichkeit jedermann unentgeltlich zur Verfügung stelle. Die Aufnahme findet täglich in der Restauration Hick [...] statt.“

Auf seiner „Alm“ lebte Berndl als asketischer Einsiedler, zumal seine Pläne für ein Natur-Kurzentrum, das „Volks-Semmering“ heißen sollte, keine Förderer fanden. Mit seinem langen weißen Haar und dem wallenden Bart wurde er zum bestaunten Original, dessen naturkundliche Ideen einer natürlichen Lebensweise als Kurpfuscherei angesehen wurden.

Auch auf dem Bisamberg betonte Berndl die Bedeutung von Sonne, Wasser und Luft für den menschlichen Körper und bot Ziegenmilchbäder, Sonnen- und Liegekuren vor allem gegen rheumatische Leiden an. In seinen letzten Lebensjahren wurde Berndl zunehmend verbittert und depressiv. Er starb 1934 bei einem Fluchtversuch aus dem Spital.

Sender Bisamberg

Der Bau der Sendeanlage auf dem Bisamberg, die 1933 in Betrieb ging, fand intensives Echo in den Medien. Das war nicht verwunderlich, präsentierte sie doch in einer politisch wie ökonomisch schwierigen Zeit ein Stück modernes Österreich. Zudem konnte den aus NS-Deutschland einstrahlenden Propagandasendern nun besser Paroli geboten werden.

Nicht nur die Technik, auch die Architektur war überaus fortschrittlich, das Sendegebäude wurde in Anlehnung an die Bauhaus-Idee im „internationalen Stil“ geplant. Die Bauarbeiten gestalteten sich höchst schwierig, fehlte es doch sowohl an einer ausreichenden Strom- wie Wasserversorgung. Selbst die Zubringerstraße musste erst errichtet werden.

Während die Bauarbeiten für den Sender auf dem Bisamberg bereits im Gange waren, konnten Interessierte auf der Wiener Messe ein Modell der Sendeanlage bestaunen. Zehn Jahre nach der Ausstrahlung erster Radioprogramme in Österreich war das Interesse nicht nur beim technisch interessierten Publikum enorm.

Anlässlich der Inbetriebnahme des Senders schrieb Ferdinand (Ferry) Wilhelm Gebauer (1901–1981), ein bekannter Komponist von Märschen und Wienerliedern, eine den Wiener Symphonikern gewidmete Huldigung an die Anlage auf dem Bisamberg und die neuen Möglichkeiten des Radios.

Anfang Juli 1926 veranstaltete die Lifestyle-Zeitschrift „Die Bühne“ ein Strandfest im Kritzendorfer Bad. Für das von Hans Moser moderierte Abendprogramm wurde der Strandbereich vom Bisamberg aus mit Scheinwerfern beleuchtet, die dort vom Pionierbataillon des Heeres errichtet worden waren.

Der von den Nationalsozialisten beim Rückzug 1945 zerstörte Sender wurde erst nach dem Ende der Besatzungszeit wieder aufgebaut. Die Masten des 1950 bis 1952 von der amerikanischen Besatzungsmacht errichteten Senders Kronstorf (Oberösterreich) gelangten 1956 am Bisamberg wieder zur Aufstellung, was 1957 im halb fertigen Sendesaal gefeiert wurde. Die neue Anlage ging aber erst 1959 in Betrieb.

Vom zentralen Sendesaal am Bisamberg mit seinen Schaltpulten wurde nicht nur der Sender Bisamberg bedient, die Versorgung des gesamten Bundesgebietes mit Radioprogrammen wurde von hier aus gesteuert, kontrolliert und notfalls auch repariert. Die Anlage im Design der 1950er-Jahre ist bis heute unverändert erhalten.

Da der Sender 1933 noch nicht an eine Hochspannungsleitung angeschlossen war, wurde eine Energiezentrale mit drei Dieselmotoren mit insgesamt 1450 PS errichtet. Der Strom aus den Aggregaten konnte auf 35.000 Volt hochgespannt werden. Ein Öltank mit 60.000 Litern Inhalt reichte für gerade vier Wochen.

Wenn aktuell von der Technikgeschichte, der Industriearchitektur und vor allem von „lost places“ eine enorme Faszination ausgeht, könnte das denkmalgeschützte Sendergebäude am Bisamberg mit seiner weitgehend erhaltenen Infrastruktur eine perfekte Basis zur musealen Schaustellung von Medien- und Architekturgeschichte bilden.

Der höhere der beiden – gerade noch auf Wiener Stadtgebiet stehenden – Mittelwellen-Sendemasten am Bisamberg war mit 265 Metern das höchste Bauwerk Österreichs, eine Zeit lang sogar ganz Europas. Am 24. Februar 2010 wurden beide Masten gesprengt, da sie nicht unter Denkmalschutz standen und ihre Erhaltung zu kostspielig gewesen wäre.

Heurige

Das Heurigenlokal ist ein klassisches Sujet des Bisamberges. Hier hat sich die Belegschaft der Weinschank Mitterreiter in Langenzersdorf für ein Foto in Szene gesetzt: der Chef (mit Weinheber) und seine Frau (mit Schürze), der Schankbursch und der fesche Kellner (mit Fliege!), dazu drei Heurigenmusiker mit ihren Instrumenten sowie ein Gast im Anzug.

Basis der Heurigenlokale am Bisamberg war ein Gesetz aus 1784, das es unter Kaiser Joseph II. jedermann erlaubte, selbst hergestellte Lebensmittel, Wein und Most ohne Gewerbekonzession auszuschenken. Das Schild am Baum vor dem Keller – die Aufnahme stammt aus dem Herbst 1937 – besagt, dass die Getränke gleich zu bezahlen sind.

Ein Bild aus dem Familienalbum des Autors: Drei Generationen – die Eltern, zwei Großmütter und die Urgroßeltern – stellten sich 1950, teils im Sonntagsgewand, teils zünftig in Dirndl und Lederhose gekleidet, dem fotografierenden Großvater. Der Sonntagsausflug nach Stammersdorf gehörte zu den wenigen leistbaren Vergnügungen.

Wurden vor den Presshäusern in den Kellergassen meist nur wenige Tische zur Ausschank aufgestellt, fanden sich in den umliegenden Ortschaften große Weinlokale mit Musik und umfangreicher Speisekarte, wobei die Grenzen zum Wirtshaus fließend waren. Hier das Weinhaus Csmerits „Zur schwarzen Katz" in Strebersdorf.

Der Zustrom von Wanderern zu den Heurigen beschränkte sich auf die warme Jahreszeit und besonders die Zeit der Ausschank des „heurigen“ Weins. In den kalten Monaten waren meist nur Einheimische in den kleinen Innenräumen um einen Ofen versammelt. Gerade dann wurde es heimelig, wie hier „beim Jansa“ in Strebersdorf.

Der Heurige gilt als Inbegriff von Wiener Gemütlichkeit, die „Weinseligkeit" hat allerdings auch ihre Schattenseiten: Ende Jänner 1949 hatten zwei betrunkene Männer den Bisamberger Heurigenwirt Alois Smodic erschossen und 800 Schilling erbeutet. Im Oktober waren sie gefasst worden, einer wird hier zum Lokalaugenschein geführt.

Rund um den Bisamberg wurden, wie hier in Strebersdorf, von den Hohlwegen aus Weinkeller in den Lössboden getrieben, teils mit vorgestelltem Presshaus, teils als reine Lagerungskeller, denn nicht nur ortsansässige Weinbauern, sondern auch Wiener Wirte und große Kellereien lagerten hier ihre Weinvorräte.

Die Kellergasse von Langenzersdorf hat einen einzigartigen Charme. Hier mischen sich kleine Press- und Lagerkeller mit stolzen einstöckigen und in den Hang gebauten Bürgerhäusern – und inzwischen auch mit einigen architektonisch gewagten Neubauten –, die dem Straßenzug ein cottageartiges Flair verleihen.

Um 1880 wurde der Weinbau am Bisamberg durch eine Reblausinvasion stark dezimiert. Waren bis dahin fast alle Südhänge am Berg bis zur Elisabethhöhe mit Weingärten bepflanzt, waren diese um 1900 auf die Hänge des Lanerberges und im Klausgraben beschränkt. Erst allmählich konnte der Weinanbau reaktiviert werden.

Bei der Weinlese brauchte es viele helfende Hände. Neben der Familie mussten auch Erntehelferinnen beschäftigt werden, denn die Reife der Trauben und gutes Wetter ließen nur ein schmales Zeitfenster. Ruhepausen gab es kaum.

Nach der Lese mussten die Trauben rasch mit dem Pferdefuhrwerk zu den Kellern gebracht werden (Bild von 1908). Der Weinbau hatte sich zudem massiv von Quantität zu Qualität verändert. In Wien wurden um 1800 noch 120 Liter Wein pro Kopf und Jahr getrunken, 1835 noch 60 Liter, um 1910 nur noch 25 Liter.

Als ab April 1944 die Alliierten ihre Luftangriffe auf Wien intensivierten, suchte die Bevölkerung aus der Umgebung in den Weinkellern des Bisamberges Schutz vor den Bomben. Wegen der Flak-Stellungen auf dem Gipfel und dem Motorenwerk im Herrenholz waren es freilich unsichere Zufluchtsorte.

Im November 1931 unternahmen zehn Frauen eine klassische Wanderung von Stammersdorf über den Bisamberg nach Strebersdorf. Da sie gutes Schuhwerk und warme Mäntel, aber keinen Proviant mithatten, dürften sie vermutlich mehrmals eingekehrt sein. Hier posieren sie vor den Resten des Heldendenkmals auf der Fath-Höhe.

Bis in die 1950er-Jahre wurden in den Medien Woche für Woche Gemeinschaftsausflüge auf den Bisamberg angekündigt. Es gab geführte Wanderungen des Alpenvereins und der Naturfreunde, pflanzenkundliche Exkursionen und gesellige Märsche von Vereinen und Parteien. Hier macht eine Gruppe ihre Frühlingsrast beim Feldkreuz.

Wer es weniger anstrengend wollte, zog einfach festeres Schuhwerk an, nahm eine Flasche Wasser und eine Jacke für die lauen Abende mit und marschierte gemütlich von Strebersdorf durch die Obere Jungenberggasse bis zum Stammheurigen, wo es Veltliner, Schmalz- und Liptauerbrote gab.

Radausflüge gehörten in Österreich bis zur beginnenden Vollmotorisierung in den 1960er-Jahren zum regelmäßigen Wochenendvergnügen. Wem es also beim Wandern zu langsam ging, der fuhr mit dem Rad auf oder rund um den Bisamberg (oder auch direkt zum Heurigen). Das Bild stammt aus dem Jahr 1940.

Bis in die 1970er-Jahre wurde der Bisamberg bei guter Schneelage auch für den Skilauf und das Rodeln genutzt. Am Lanerberg gab es Skipisten für Anfänger und „Könner", die Kinder packten beim ersten Schnee die Rodeln aus. Heute ist das, abgesehen von der Rodelbahn im Ort Bisamberg, nur mehr ein Vergnügen für die Kleinsten.

Im September 1953 wurde in den ehemaligen Flak-Stellungen am Bisamberg ein 800 Meter langer Rundkurs für ein Motorrad-Trial ausgesteckt. Als größte Herausforderung erwies sich die Durchquerung einiger Bombentrichter, die während der Veranstaltung ständig mit Wasser befüllt wurden.

Rodeln und Skier sind heute weitgehend verschwunden, dafür haben die Biker den Bisamberg erobert und suchen stets nach attraktiven Mountainbike-Routen und Singletrails auf und rund um den Berg. Die Kommunikation zwischen Anrainern und Jägern, Wanderern und Radfahrern läuft allerdings nicht immer friktionsfrei ab.

Der organisierte Sport kommt ebenfalls nicht zu kurz: So wurde Mitte der 2000er-Jahre in Bisamberg der Florian-Berndl-Crosslauf veranstaltet. Führend ist aber der Radsport: Das „Race around Austria" führte 2019 über den Bisamberg, der „Uphill Battle" 2018 (im Bild) auf die Gamshöhe und der „Korneuburg Grand Prix" durch Klein-Engersdorf.

Seit 2006 lädt die Gemeinde Wien jeden Herbst zu Weinwandertagen ein, wobei Bewegung und Kulinarik verbunden werden. Eine der Hauptrouten führt von Strebersdorf über den Bisamberg nach Stammersdorf. Für etliche Wienerinnen und Wiener ist dies der einzige Grund für einen Ausflug nach Transdanubien.

Bildnachweis

APA Picturedesk / IMAGNO: Titelbild; Bezirksmuseum Floridsdorf: 9, 11, 16, 17, 40, 52, 67, 71, 72, 74, 75, 78, 79, 80 links, 80 rechts, 84, 85, 86 links, 86 rechts, 88, 101, 104, 107, 108; Das Motorrad, 31. Oktober 1953: 115; Der Kuckuck, 26. Juni 1932, 65 rechts; Der Morgen, 1. Juli 1935: 63 links; Die Bühne, 29. Juni 1926: 92 rechts; Die Muskete, 14. Juli 1921: 64; ETH Zürich, Bildarchiv: 14; Heeresgeschichtliches Museum: 51, 53 oben, 53 unten, 54; Marcello La Speranza: 55 unten, 110; Martin Granadia: 61, 116, 117; Matthias Marschik: 94, 95, 96; Matthias Schwaiger: 87; NÖ Landesbibliothek: 15, 34, 45, 57 unten, 68, 76, 77, 98, 105; ÖNB AKON: 8, 19, 30, 38, 42; ÖNB Bildarchiv und Grafiksammlung: 7, 32, 33, 47, 48, 57 oben, 63 rechts, 69, 89, 92 links, 93, 99, 103, 106, 111; Sammlung Herbert Jansa: 20, 24, 25, 43, 44, 102; Sammlung Karl Böhm: 39, 73; Sammlung Matthias Marschik: 12, 46, 91 links, 91 rechts, 100, 109, 112, 113, 114; Stadt Wien, Presse- und Informationsdienst, Fürthner: 118; Topothek Bisamberg: 31, 58, 60, 70, 81; Topothek Langenzersdorf: 22, 23, 26, 27, 28, 29, 35, 36, 37, 66; Verein für Geschichte der ArbeiterInnenbewegung: 62, 65 links, 90; Wien Museum Online Sammlung: 21, 50; Wiener Stadt- und Landesarchiv: 13; Wikipedia, Aldo Ernstbrunner: 97; Wikipedia, Funke: 82; Wikipedia, Geiserich77: 41; Wikipedia, Sandra Matocha: 59; Wikipedia, Stefan Lefnaer: 55 oben; Wikipedia, Tenretni: 49, 83.

Danksagung

Ein Buch mit zahlreichen Bildern bedarf umfangreicher Suche und Recherche sowie der Hilfe von Personen, die in der beschriebenen Gegend heimisch sind. In diesem Sinn möchten wir uns für Unterstützungen in verschiedenster Form bedanken bei Gregor-Anatol Bockstefl von der Topothek Langenzersdorf, Martin Grandia von 169k, Familie Jansa, Marcello La Speranza, Petra Moldaschl von der Topothek Bisamberg, Michaela Pfundner vom Bildarchiv der Österreichischen Nationalbibliothek, Georg Spitaler vom Verein für Geschichte der ArbeiterInnenbewegung, Ferdinand Lesmeister vom Bezirksmuseum Floridsdorf sowie Matthias Vigl vom Wiener Stadt- und Landesarchiv.

Aus dem Verlagsprogramm

Das Meer von Wien
An der schönen Alten Donau. Ein Bilderalbum.
Von Matthias Marschik und Gabriele Dorffner.
20,5 x 15,2 cm. 116 Seiten mit zahlreichen Abbildungen. Hardcover.
ISBN 978-3-9519762-7-3.

Die Donauwiese
Das Inundationsgebiet – Ein verschwundenes Wiener Wahrzeichen.
Von Matthias Marschik
23,5 x 20 cm. 120 Seiten mit zahlreichen Abbildungen. Hardcover.
ISBN 978-3-9504625-8-6.

Donaustädter Attraktionen
Der 22. Wiener Gemeindebezirk – Bilder aus seiner Geschichte.
Von Gabriele Dorffner und Matthias Marschik
20,5 x 15,2 cm. 112 Seiten mit zahlreichen Abbildungen. Hardcover.
ISBN 978-3-9519804-6-1.

Es geschah in Transdanubien
Neuigkeiten und Bilder von damals. Von Thomas Hofmann.
Mit einem Vorwort von Beppo Beyerl
23,5 x 20 cm. 124 Seiten mit zahlreichen Abbildungen. Hardcover.
ISBN 978-3-9504720-8-0.

W-H EDITION WINKLER-HERMADEN